AF453771

HENRI DE RÉGNIER

—

Poèmes anciens

et

romanesques

1887-1889

PARIS

LIBRAIRIE DE L'ART INDÉPENDANT

11, RUE DE LA CHAUSSÉE D'ANTIN, 11

—

1890

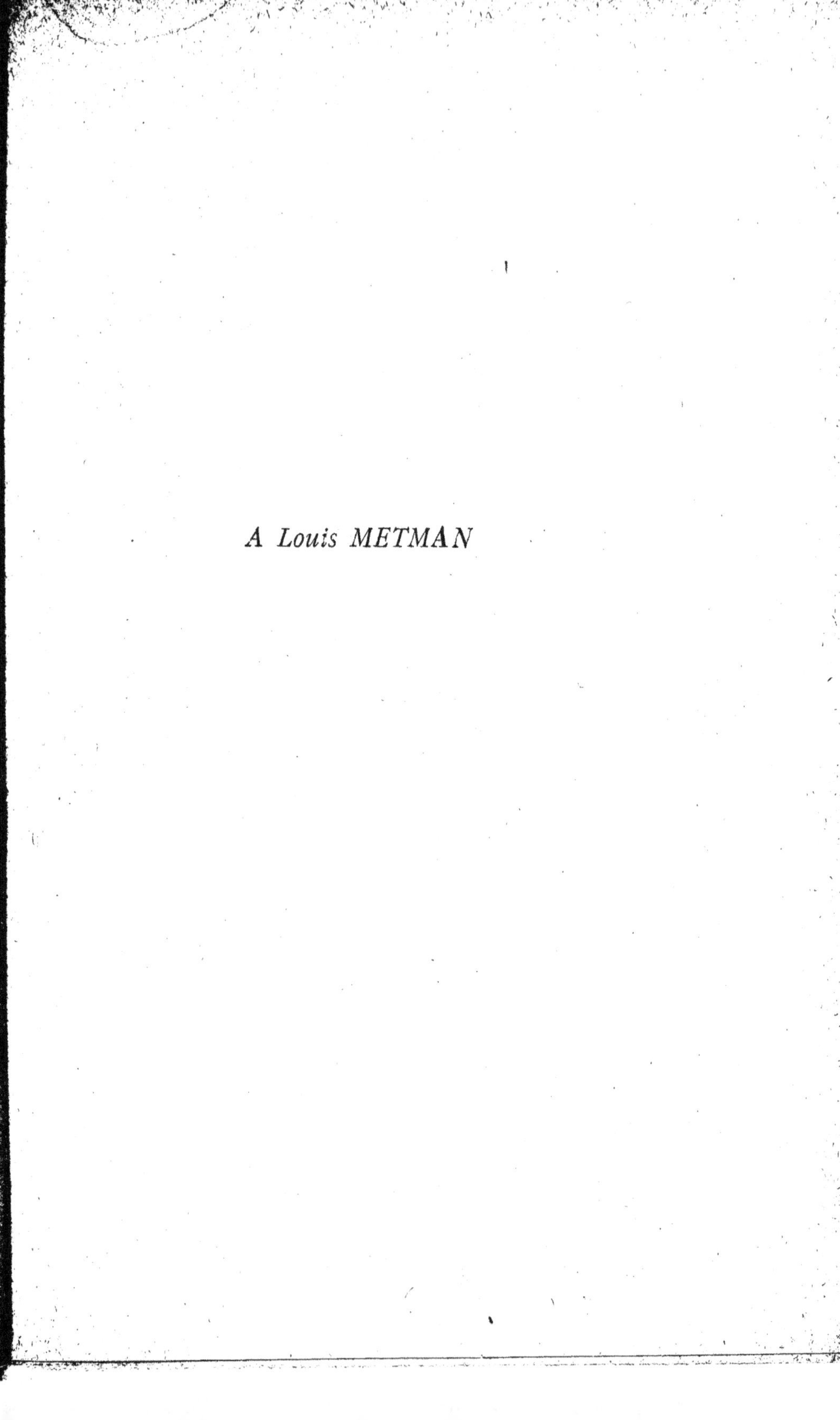

A Louis METMAN

TABLE

FIN DE LA TABLE

Prélude

PRÉLUDE

Je t'ai laissée en l'ombre d'or du vieux Palais
Où le chanvre rouï pend à la poutre rude
Assise comme un songe à l'âtre où tu filais,

Hôtesse du seuil morne et de la solitude,
Seule ombre passagère au gel des purs miroirs
Que ta face de n'y sourire plus dénude !

Du fond des murs épais et des ébènes noirs
Ton regard m'a suivi comme un oiseau, fidèle
A mon sang hasardé dans le péril des soirs,

Funèbre ! s'il ne doit fleurir une asphodèle
Qu'il coule glorieux dans l'écume et le vent
Pour toi qui restes en la maison qui te cèle

Jalouse seulement de la Mort qui souvent
— Elle l'imprévue, elle, hélas ! une autre amante —
Baise en l'ombre les lèvres pâles du vivant.

Cendres où fut jadis la flamme véhémente !
Le foyer violet suggère le tombeau,
Présage à qui ta foi veille qui le démente.

Tu files a ton rouet le triste écheveau
Monotone et sans fin comme l'année, Omphale,
Mais de l'Automne renaîtra l'Été plus beau.

Le luxe parera ta tête triomphale
Selon un ordre ouvré de pierres et de fleurs
O pâle à t'endormir qui t'éveillais plus pâle !

Etoile de l'amant parti vers les ailleurs,
Toi sa pensée étrange et l'ombre de son âme,
Toi qui restes l'absente en la gloire des pleurs,

Toi pour qui le glaive rutile et la nef rame
Et la main plonge au poil fauve de la toison
Qu'à la proue a lavée une écume de lame !

Ouïs ! l'Hydre a saigné ses têtes de poison.
Les oiseaux saccageurs que la flèche transperce
Tombent lourds, un à un, au lac de l'horizon ;

Le taureau frustré du rapt beugle et se renverse,
Le sanglier résiste au Belluaire et lui
Songe au troupeau rué des monstres qu'il disperse.

L'aurore est pâle encor d'avoir été la Nuit
Et des mufles crispés ont mordu l'herbe grasse
En leurs crinières où de l'or s'effile et luit.

Le mal mystérieux agonise et trépasse ;
Les douze Epreuves ont purgé l'ombre et voici
La massue et le glaive au poing nu qui terrasse ;

La campagne est salubre et le bois éclairci
D'où l'âpre survivant des griffes et des haines
Par les routes s'en vient de là-bas jusqu'ici.

Il a lavé le sang de ses bras aux fontaines
Et laisse avec orgueil traîner sur les cailloux
La toison du bélier et les peaux néméennes :

Il vient à toi l'Omphale, âme de ses courroux,
Toi son âme vivante et qui gardes, ô douce,
Le songe du soleil mort en tes cheveux roux.

Voici le tribut pris aux beaux jardins où pousse
L'arbre de l'Hespéride qu'un monstre gardien
Regardait s'effruiter parmi l'herbe de mousse.

Quitte le noir parvis du Palais ancien
Qui claustra ton exil de la terre mauvaise
Et lève-toi devant Celui qui se veut tien !

Il a foulé le mal de son pied nu qui pèse
Sur la gorge étouffée et la gueule qui mord
Jusqu'à ce que le dernier cri râle et s'apaise

Et dans le sombre Hadès il a vaincu la Mort
Par qui le long sanglot emplit la maison vide
Et le voici maître du Sceptre et du Trésor.

De grandes fleurs ont refleuri la terre aride
Qui sera mère à ton sourire puéril
Héritier médéen des philtres de Colchide !

Ton honneur est le prix que voulut son péril !
Pends la peau léonine à tes épaules nues
Sous les griffes que joint un fermoir de béryl.

Les monstres accroupis se crispent dans les nues
En songes tristes acculés au fond du soir
Et la quenouille est douce aux porteurs de massues.

Au trône qu'il dressa royal et pour t'y voir,
Sois son âme éternelle, ô son âme éphémère,
Toi qu'à survivre belle a forcé son espoir,

Et si son cœur hélas ! mordu par la chimère
Durant le dur travail de ton nom illustré,
Elude sa tristesse en quelque cendre amère

Laisse le bûcher d'or fumer au ciel sacré !

La Vigile des Grèves

LA VIGILE DES GRÈVES

Nul luxe épanoui de roses par l'Eté
Ne pare l'Ile aride où souffle un vent de cendre
De l'aube au crépuscule, inexorable, épandre
Un destin de désastre et de stérilité.
Les sables qu'être roux sont les seules automnes
Saignent, le soir, ainsi que des lames de glaives,
Sol nu, tel qu'au sommeil cuivré des mauvais rêves
Il en surgit hanté du vol des Tisiphones !

Et sur le cap cabré comme une croupe stable,
Pour mieux voir vers la Mer et la Terre fleurie,
Se haussent en couvrant d'une main leurs yeux clairs
Que cligne l'âpre vent de la cendre et du sable,
Des femmes, chevelure éparse vers les mers,

Et portant tour à tour de l'aurore aux nuits lentes
Des amphores d'onyx, des miroirs et des lampes !

Un exil de jadis et de terres où rie
Autour des Villes d'ombre une fête de palmes
Pleure en leurs voix d'amour et veille dans leur songe,
Ah quand viendront vers Elles le bruit lent des rames
Et la proue écumante et le rostre qui plonge !
Et des yeux doux pour encor croire à leur mensonge.

Elles sont lasses de porter, les Vigilantes,
Les miroirs, les amphores vides et les lampes !

.˙.

Par les jours éclatants et les nuits pluvieuses
Notre exil a pleuré sur la plage des Mers
Vers la terre, la-bas, efflorescente et merveilleuse
Vers la terre, là-bas, et par delà les Mers
Par delà les jours éclatants et les nuits pluvieuses.

Le vent féroce éteint nos lampes en fumées,
Nos lampes où brûlait l'huile d'or d'antiques pressoirs
Et tout le parfum mort des vieilles Idumées,
La pluie a dilué l'huile des antiques pressoirs
Et nos lampes d'or pur sont mortes, ô fumées !

L'âpre vent a tari le flot de nos amphores
Et chante un écho d'ombre en leur inanité.
Nos Amants plongeaient jadis aux Fontaines nos amphores
Si lourdes aujourd'hui d'un poids d'inanité
Et leurs flancs sont perlés de pluie et de gouttes sonores.

La pluie à nos miroirs ruisselle en larmes claires
Comme pour y pleurer de doux mirages de sourires
Et des saluts surgis à l'avant des galères
Et des baisers à l'appui des balustres de porphyres
Et des visages puérils d'aurores claires !

.·.

L'eau des sources où choit, le soir !
La mort unanime des roses
Etait heureuse de nous voir
Peigner nos chevelures fauves...

Un peu de cette eau, nos miroirs !

Les Fontaines étaient sonores
En les bois de Lune et de Nuit ;
Cristal où se mire et s'isole
Quelque astre qui du ciel a fui...

L'onde est tarie en nos amphores !

Les escaliers courbaient leurs rampes,
O les pieds froids sur les pavés !
Les portes et les hautes chambres
Pour le sommeil nu des Psychés...

L'huile est figée au fond des lampes !

.·.

Qu'il vienne à nos exils, et vers nos seins et vers nos lèvres
Le Bienvenu d'espoir sûr d'être Celui-là,
Qu'il vienne à notre exil
Le Bienvenu d'amour sûr d'être Celui-là,
Vers l'offre de nos seins gorgés et l'ardeur de nos lèvres !

Et nous irons vers lui qui vient de l'occident
Dans le frisson et dans le rire de nos dents.

Nous irons vers lui, chairs ancillaires et nues,
Comme au Roi-Maître les servantes inconnues.

Nos cheveux sècheront ses blancs pieds écorchés
Nous avons faim d'amour et soif du vieux péché.

Qu'il vienne à notre exil, et vers nos seins et vers nos lèvres
Le Bienvenu d'amour sûr d'être Celui-là
Qu'il vienne à notre exil
Le Bienvenu d'espoir sûr d'être Celui-là
Vers l'offre de nos seins gorgés et l'ardeur de nos lèvres !

*
* *

Il sont venus pendant les siècles de nos larmes
— Haute fresque en passage sur l'occident clair —
Avec des chants, des cris, des palmes et des armes
Longer la côte adverse et sa grève de mer !

Des Marchands durs sortis des Tyrs et des Carthages
Passaient en supputant des nombres sur leurs doigts
Sans voir que le soleil aux barreaux d'or des cages
Striait d'ombre les lynx et les onces des bois.

Les ânes roux chargés de coffres et de caisses
Broutaient en titubant des roses, et les soirs
S'irritaient des grelots tintés par les ânesses
Trottant parmi les béliers et les boucs noirs.

Puis ce furent des Bouffons et des Astrologues
Contemplant tour à tour les astres et les fleurs
Et des courriers équestres escortés de dogues
Qui jappent dans la nuit et flairent les voleurs.

Les grands Chevaliers d'ombre et de fer, loin des joûtes,
Aux échos du passé, poussière et fol ébat !
Chevauchent deux à deux lavés par les absoutes
Vers les graals et champions du bon combat ;

Des Pèlerins, sous la cagoule et sous la loque,
Besaces au côté, coquilles et bourdons,

Se signent par la croix de qui leur lèpre invoque
Pour les nouveaux péchés le sang des vieux pardons ;

Des Apôtres drapés en gestes d'Evangile
Conversent bas avec des Anges, et tous ceux
Pour qui la femme est moins qu'un or ou qu'une argile
Passent, indifférents, mornes ou radieux !

Et des Barbares blonds épars à l'aventure,
Précédant les hordes tumultueuses, ont
Pourpré la mer d'un sang occulte de blessure
Pour aller vers nous par delà le flot profond.

Le bienvenu d'amour sûr d'être celui-là
Viendra-t-il, quelque soir, vers l'exil de nos lèvres,

En le cortège des flûtes ou dans l'éclat
Des tambourins grondeurs et des trompettes brèves.

Viendra-t-il des vergers, des glaciers ou des fleuves,
Doux moissonneur lier en gerbes nos cheveux ?
Pâtre des monts de neige où, stalactites ! pleurent
Les clairs cristaux de gel dardés et douloureux,

Ou sûr pêcheur grandi dans l'Ile des Silences
Et parmi les roseaux des anses de soleil
Aux gestes des filets épars aux fuites lentes
Des poissons, ombre alerte au creux sable vermeil ?

L'amour sonnera-t-il par sa voix des fanfares
En rapts brusques mordus de baisers et de cris,
Ou chantera-t-il, glorifiantes et graves,
Des promesses d'hymens et de rites fleuris.

Nageur victorieux de l'onde qu'il assaille
De l'élan de ses bras et de son corps roidi
Surgira-t-il, prestigieux de nacre pâle,
Nu héros hors du flot, tout debout et bondi !

Surgira-t-il de l'onde, idole et simulacre,
Roi posthume et vivant de nos désirs, ou tel
Qu'en moissonneur de nos cheveux ou le blond pâtre
Qui cherchait nos yeux clairs aux Etoiles du ciel.

A nos amphores d'argile
Que fêla le long chemin
Il viendra boire un matin,

L'eau qui réconforte est aux amphores d'argile

A nos amphores en or
Il boira le sang des grappes
Un midi, poudreux d'étapes,

Car le vin qui rend ivre est aux amphores d'or.

A nos amphores d'onyx
Boira sa soif léthéenne
La nuit s'étoile, qu'il vienne

Goûter le Népenthès aux amphores d'onyx !

Ce sera comme un soir de Noces enfantines
Par delà les Thulés et les Occitanies,
Les cortèges iront aux chemins des collines
Vers l'hospitalité des seuils sans avanies.

Nous t'aurons rencontré proche de la Fontaine
Où se miraient nos yeux et la première Etoile,
Tu demandais à boire et la Ville prochaine,
Nous nous sommes aimés à cause de l'Etoile

Le blanc Palais drapé d'un vieux luxe de soie
S'ouvre en colonnes de marbre sur la mer pâle ;
La cire en l'argent brûle sans pleur qui larmoie,
Nous mettrons à ton doigt la plus antique opâle !

Nous ferons ruisseler l'amphore inexhaustible
Qui s'accurve selon la courbe de nos hanches
Et nous abreuverons ta soif inexhaustible
De vin de lèvres et de neige de chairs blanches.

Nos seins aigus seront tes montagnes d'aurore,
Doux pâtre, ô moissonneur, tes blés, nos chevelures
Où comme aux épis ondule le vent sonore !
Nos yeux, les glauques lacs, Pêcheur, où tu captures.

Le visage blessé d'épines et si pâle
Que les pleurs et le sang y semblent pierreries,
Et tel autre plus doux que frusta de son hâle
L'automne des soleils et des douleurs mûries ;

La face d'ambiguité, morte et royale,
Triste de tout l'orgueil et des idolâtries,
Celle que le masque d'emprunt ravine et tale
Et celle qu'empourpra le vin des saouleries.

Qu'il y ruisselle, Vin, Sang, Larmes ou le Fard
La luxure ou l'ennui, la douleur et la honte,
S'il veut tenter encore un suprême regard

A ce qu'il fut jadis et par delà les Soirs
Et par delà sa vie encore ! qu'il affronte
Le mensonge ébloui des magiques miroirs !

..

A nos miroirs menteurs s'enchevêtre et se tord
Un cadre de guirlande où survit une rose,
Et dans la floraison de la torsade éclose
Un pur cristal, qui fut une onde, songe et dort.

En leur silence glauque un éclair rôde encor,
Fuite ou lueur d'une aurore qui se propose
D'errer là longuement, divaguante et morose,
Eclat d'antiques yeux dilatés par la mort!

Qu'un vent vaste chasse la nuée et voici
Que tout le bleu cristal par le ciel éclairci
Est saphyr, lac gelé, source, fleuve et fontaine,

Et ceux qui marchent loin de leurs natals Avrils
Riront, transfigurés ! du hasard qui les mène
De se mirer aïeuls à se voir puérils !

Viens dans ta barque, dans ta barque fleurie
Vers l'exil de nos soirs et la terre attérie,
 Nous nous lèverons à l'appel de tes rames
Pour être ta conquête, ta charge fleurie
A toi le nocturne Passeur des pauvres Ames !

L'amer flot transgressé chantera sous tes rames,
Les sillages seront comme un chemin d'été
Sonore de vent doux et gai de roses blanches
 Et l'écume éparse en roses blanches
Sera comme un chemin où le soir a venté
 Une chute de roses des branches !

Viens dans ta barque et sois le Passeur des pauvres Ames !

Nous chanterons selon nos âmes un chant vague
A peine un peu plus haut que celui de la vague,
Assises dans ta barque et nos cheveux trop longs —
Et qui debout nous ruissellent aux talons.
Si le vent ébloui, pour jouer, ne les tord ! —
Epars jusques au flot où s'effondre leur or
Comme un trésor dont s'allège une Nef qui sombre
Et sur la proue aveugle en la nuit qu'elle troue,
Oscillante et mystérieuse et lourde d'ombre,
Nous mettrons une de nos lampes allumée
D'inextinguible flamme et d'huile sans fumée
Pour éclairer la marche aveugle de la proue !

Et l'Etoile luira sur la barque du Passeur d'âmes
Qui par la mer est venu vers l'exil des pauvres Ames.

En ta maison où dort un silence de Lune
Qui passe par la vitre et filtre sous les portes
Comme s'y glisse aussi le sable de la dune
Si fin qu'il semble une cendre de blondes Mortes,

Des Mortes douces qui moururent là quelque soir
Dans la chambre plus déserte d'elles, chaque soir.

Nous viendrons regarder par les carreaux sans fleurs
    De givre, ni d'étoffe, ni de soie,
La chambre solitaire où, désespoirs veilleurs.
    Pleurèrent les veuvages de ta joie.

Nous rouvrirons les portes après tant d'années
Et nous parlerons bas à cause du silence
Et des présences là d'anciennes destinées
Et du foyer éteint faute de vigilance.

Nous rallumerons la lampe morte à ton chevet,
Nous attendrons ton ordre debout à ton chevet !

O notre roi, pour les délices
De ta vie et de ton chemin
Prends en tes mains nos pâles mains
          Abdicatrices
Qui ne masqueront plus la ruse de la face
Et qui laissèrent défleurir au vent qui passe
        Les pampres des thyrses !

Nos pas marcheront dans tes pas
Nos yeux ne verront que tes yeux
Ton rire les fera joyeux
Ta fatigue les rendra las !

Rêve-nous tes palais, tes jardins, tes fontaines
Et tes terrasses d'or où bat la mer du soir
Et ta forêt magique où dans la nuit tu mènes
La Licorne d'argent, la Guivre et le Faon noir.

Rêve-nous la douceur de tes Epouses mortes
Qui dorment au tombeau de ton âme et qui sont
Sous le double verrou des grilles et des portes
Ton regret, ton amour posthume et ton frisson.

Nous qui sommes la Lettre éternelle du Livre
Symbole nul, si nul ne lit le mot qui dort !
Sois l'esprit qui s'inculque et suscite et fait vivre
Et l'Amour triomphal qui sauve de la mort.

Mets notre chevelure en pennon à ta hampe
Doux chevalier, rêve par nous ton rêve épars
Et viens à nous de par la vie et les hasards,

Nous sommes le Miroir et l'Amphore et la Lampe.

Le Fol Automne

Et chante dans ta chair le chœur des vieux priapes.

Francis Vielé-Griffin.

LE FOL AUTOMNE

I

Le fol automne épuise aux guirlandes ses roses
Pâles comme des lèvres et des sourires,
Et le mal est d'avoir vécu parmi les roses
Les masques, les glorioles, les délires !

Les Aegypans rieurs buvaient aux outres neuves
Le vieux vin où survit l'ardeur des Étés !
Les vignes égrenant les grappes dans les fleuves
Gonflaient l'ambre clair de leurs maturités.

Les roses ont fleuri les coupes et les thyrses
Et le pan des robes puériles, l'âme
Des fontaines pleurait dans l'ombre, autour des thyrses
Les pampres semblaient un sang de torche en flamme.

L'automne fol s'épuise en suprêmes guirlandes,
Les Satyres roux rôdent par les bois
Et l'on suspend les masques vides par guirlandes
Où le vent rit aux trous des bouches sans voix !

II

Les Satyres mordirent au bas de ta robe lourde
Les guirlandes d'émeraude et les grappes de rubis ;
Leurs dents chaudes ont baisé tes habits,
Les pieds tors ont foulé les traînes lourdes,
Et les Aegypans blonds et les Satyres roux
Ont gambadé devant toi comme des fous
A l'odeur de forêt de ta chantante chevelure
Au parfum de vendange de ta chair mûre !

Quand tu passas le long de la mer
Quand tu passas le long de la grève
Les Tritons blancs t'ont suivie et t'ont chanté
Les chansons de la mer
Aux échos de la grève

En leur conque de nacre torse ils t'ont chanté
La chanson endormie en la concavité
Des spires bleuâtres et profondes,
La chanson de la mer maternelle aux vieux mondes
Qui s'effritent et rentrent en son immensité.

Ta chair n'était-elle pas blanche comme l'écume
Et tes yeux pers comme la mer qui dort à la dune
Et ta face un déclin pâle de lune
A l'horizon marin parmi des chevelures d'écume.
Et je fus fou comme les Tritons et les Satyres
De ta chair, de tes cheveux, de tes rires
Et j'ai rougi mes lèvres aux coraux de tes parures
Et je t'ai dit dans la forêt et près de la lame
A toi l'Indulgente à toutes les aventures
Vers qui vont la chair et l'âme
L'Ode des ors secrets et de l'antique flamme !

III

Avec la double odeur de la chair et du soir
Et les souffles épars comme des chevelures
Voici luire des torches hautes au bois noir.

La poursuite dénoue aux nuques les brûlures
Des cheveux roux où vit le feu des astres clairs
Et les talons légers foulent les herbes mûres ;

Une torche s'embrase en un bouquet d'éclairs
Ou secoue aux étangs mornes des pierreries
Ou s'enfouit vivante en des antres ouverts.

La forêt vaste éclate en voix vers les prairies
D'où les papillons lourds proviennent brûler l'or
De leur vol nocturne autour des torches fleuries ;

Et des rires, abeilles dont l'essaim vif mord
Et harcèle ceux qui les voulurent captives,
M'assaillent dans la nuit si l'une échappe encor ;

Toutes ont défié les folles tentatives
De mains à saisir l'ombre inerte où fuit l'odeur
De leurs cheveux épars et des chairs évasives :

Faunesses dont la lèvre sanglante a l'ardeur
Des grandes roses qni survivent à l'orage
Filles de la terre ivre et du soleil fardeur,

Satyresses dont la main folâtre saccage
Les lys présomptueux qui frôlent leurs genoux
Celles de qui le rire est un oiseau sans cage,

Celles qui marchent dans les ronces et les houx
Et vont vers les vergers et les enclos des plaines
Pour y voler le soir les fleurs et les fruits doux.

Les hanches et les seins ! la lèvre et les haleines
Pures d'avoir humé le vent des soirs d'été,
Les yeux clairs et changeants comme l'eau des fontaines,

Les cheveux épandant par flot l'antiquité
Des ors les plus sacrés et la splendeur nocturne,
Toute la chair qui fait toute la nudité...

...Dormir en la nuit vide un sommeil taciturne.

IV

Rien de plus qu'un songe resté des chevelures
Que le vent dispersa parmi l'aube et le soir
N'atteste avoir vaincu les folles encolures.

Et ce qui frissonna d'un trésor fauve ou noir
Au front de la Rebelle ou de la Souriante
Fugitive apparue éblouir un miroir !

Ou poser sur notre âme un pied nu de vaillante
N'est plus qu'un souvenir de soleil ou de nuit
Vers qui la mémoire s'égare ou s'oriente.

Si la lèvre a mordu la lèvre pour un fruit
Et des paroles merveilleuses et des rires
Quel écho de mystère en a gardé le bruit

La voix qui fût divine à pleurer ses délires
Éperdue et plus grave et vaste que la Mer
Comme s'il y vivait l'âme d'antiques lyres

Abdique sa splendeur insolite et se perd
Plus tard parmi l'ombre aggressive qu'elle souille
D'y crier quelque insulte et quelque outrage amer ;

Glaive d'or éclaté qui se rompt et se rouille !
Les yeux savants d'aurore et d'astres et de fleurs,
Les yeux devant qui l'Ange exulte et s'agenouille

Qu'est-ce du songe vain des Mers et des Ailleurs
Et d'avoir vu la chair et la toison impure
Où pour seuls diamants s'ornent d'éclairs nos pleurs ?

O cœur triste et sanglant comme une grappe mûre
Que se disputent dans un bois roux et vermeil
Où s'altère à mourir un feu de chevelure

Des Faunesses ivres de cris et de soleil !

V

Celles qui fuyaient dans la forêt sont revenues,
Leur chevelure s'effile comme un soir de nues,
Les torches de jadis sont mortes en leurs mains nues.

Comme ce cœur saigna parmi ce bois de Faunesses
Entre les mains spoliatrices et chasseresses,
O quel cri d'angoisse écho des antiques détresses.

Elles qui portaient émeraude et rubis en frange
Par qui je fus ivre de chair et d'odeur étrange
A dire leur chevelure forêt ou vendange.

Ce fut en des soirs où chantaient les Voix et les Lyres
Où les cortèges menaient la danse des Satyres
Et les gemmes craquaient sous les pas parmi les rires.

La flamme, les cris, les rires sont morts et nous-mêmes...
Terne pierrerie à l'or frontal des diadèmes
Mourez selon les torches noires en les mains blêmes ;

Et là-bas aux rampes des terrasses merveilleuses
Comme un lis se fane la quenouille des fileuses
D'attendre encor la laine des toisons fabuleuses !

VI

Le langoureux Passé dont notre âme fut ivre !
Soir violet et grave où souffle un vent fleuri
Prolonge la morne misère de survivre
Par delà l'heure heureuse où la lèvre a souri.

Insatiable en son mensonge d'être lasse
De son désir crié par toute la forêt
La tristesse d'avoir vécu l'heure qui passe
Vers le songe d'alors sourit et pleurerait !

Les oiseaux éperdus comme des feuilles mortes
Que chasse au ciel d'exil l'automne des bois morts
O bienvenus ! et toi la Colombe qui portes
Le rameau du message et la clef des trésors

Les couchants éblouis célèbrent les prestiges
Des jours morts sur qui pleut la splendeur de mourir.
Le lac a-t-il noyé la nudité des Stryges,
Où le Griffon a-t-il enterré le saphyr ?

Les oiseaux et le vent et l'or des ciels et l'ombre,
Tout ce que fut les soirs où vècurent les yeux
Et la Nuit éphémère où pleure la Mer sombre
Et l'aurore divine et les midis joyeux,

Tout le passé fatal avec son odeur ivre
De vendanges de Vie et de moissons d'Eté
Vers la tristesse insatiable de survivre
Pleure sa mortelle gloire d'avoir été.

Doux oiseaux vous savez la forêt et le fleuve
Et la plaine et toutes les îles de la Mer
Où mon âme à Naxos fut l'Ariane veuve
Et l'aurore stérile et le printemps amer.

Les vols exténués s'abattent aux terrasses
D'où l'on jette des roses au flot, et la Tour
A couvert de son ombre au soir vos ailes lasses
Que la Ville épeura de cloche et de tambour.

Le vent fleuri d'avoir ailé les roses mûres
Sème ma vie éparse aux routes du passé,
O viens m'être le souffle un peu des chevelures
Dont le poids doux parmi les fleurs s'est prélassé !

N'es-tu la fauve odeur des antiques Satyres
Par qui s'irrite en moi l'obscur legs d'une ardeur !
Ame des antres d'ombre ouverts comme des rires,
Soupir de flûte étrange et triste, ô vent rôdeur.

Les rires éperdus de l'Eté qui suffoque
Et le sanglot qui lutte et pleure sont à moi
D'avoir été jadis ivre en la forêt glauque
Tordre des cheveux roux comme des ors de roi ;

Les choses furent de pourpres et d'hyacinthe,
La torsade a noué sa gloire aux thyrses tors,
Et les palmes ont cru parmi la cendre éteinte
Où les torches du soir ont enfoui leurs morts.

Ma mémoire ce sont des roses et des fleuves
Et ces oiseaux parmi le vent et les soirs clairs
Et des réveils tristes et plus las que des veuves
Et la forêt sanglante à l'orient des mers.

Et comme un fruit tombé dont le sang les enivre
Voici mordre à mon cœur automnal et mûri
D'avoir vécu la joie et la douleur de vivre
Les oiseaux éperdus parmi le vent fleuri.

VII

Il passe avec de vains sourires
A leurs lèvres pâles et mortes
Des troupes fauves de Satyres
Et des masques de toutes sortes.

Des robes qui furent vermeilles
S'accrochent aux ronces et des
Thyrses tordus et dénudés
Montrent une souche de treilles,

Il ruisselle des chevelures
Merveilleuses dont l'or s'altère ;
Des gemmes s'éteignent obscures
Aux manteaux que le vent lacère !

.

Passages par folles déroutes
De masques qui furent ma vie,
Lèvres de rire ou d'ironie
Que ternit la cendre des routes ;

Ombres vagues sans destinée
Autre que d'être de la nuit,
Ephémère sans plus enfui
Qu'un vain feuillage d'autre année.

Parmi tout ce qui fut ce songe
Et ce flot perdu qui dévale
Nulle mémoire ne se songe
Mystérieuse et nominale.

Le Salut à l'Étrangère

J'offre ma coupe vide où souffre un monstre d'or.

Stéphane Mallarmé.

LE SALUT A L'ÉTRANGÈRE

Aux ruines de Vie antérieure et morte,
Au fronton dominant l'ombre cave de la porte
Où s'engouffrent les feuilles comme les ailes mortes
Des vols de crêpe épars sur les étangs de moire !
Face de doux relief et triste épiphanie
Double de Songe et Sœur de Mémoire,
Et sourire posthume qui se renie !

Masque pâle entre ses bandeaux et pour la mort
Sans funèbre laurier au front ni pierrerie,
Lèvres de pourpre stricte où le silence crie
Et les yeux clos comme des yeux d'enfant qui dort ;

Masque pâle sans au front une pierrerie
Ni funèbre laurier au-delà de la mort ;
Quelle parole est morte à la lèvre meurtrie
De quel aveu pour que la lèvre en saigne encor !

Masque éperdu vers les étoiles
Son intacte blancheur de marbre a vaincu l'ombre
Et la face s'exhume éternelle de l'ombre
Blanche et grave sous les étoiles.

Masque plus pâle que l'aurore
Et la lune aux étangs mirée et faciale
Étrange et fruste et d'une douceur faciale
Ainsi qu'une lune d'aurore.

Masque ébloui sous le soleil
Fixe et mate d'une candeur inaltérée ;
Nulle soif n'a disjoint la lèvre inaltérée
Rouge fruit gorgé de soleil.

Masque sans larmes sous la pluie,
Où la pluie aux soirs d'encre éperdûment ruisselle,
Paupières closes d'où rien autre ne ruisselle
Que les froides larmes de pluie.

Masque muet au vent qui passe
Au vent qui passe et joue en les lèvres aphones
A simuler la voix de ces lèvres aphones
Où le mensonge du vent passe !

Je t'ai connu vivant, hilare et nimbé d'or
Sous le triple laurier et sous la pierrerie,
Yeux à la vie et bouche loquace et mûrie
Pour le baiser et pour la colère qui mord.

J'ai vu vivre tes yeux, tes yeux, ô pierreries,
Et je sais le passé que ton silence dort
Quand tu marchais vivante, en les idolâtries,
Parmi les palmes et le sang et parmi l'or !

L'usurpateur mystérieux des destinées,
L'involontaire Amant qui chevauche et guerroie
A disparu dans l'ombre au détour des années.

Le cimier d'ailes au vent de la mer s'éploie.
L'éternelle aventure a ri comme une femme
Aux horizons d'aurore un visage de joie.

Il a vu, stricte banneret de l'oriflamme,
Un masque douloureux pleurer parmi les nues
Du couchant saccagé comme une Ville en flamme.

Des antres et du lac les Nymphes sortaient nues !
Les Aegypans des bois ont guetté son passage
De leurs yeux clairs luisant en leurs faces cornues.

Sous l'invincible pas de l'Errant triste et sage
Les charmes vains craquaient un bris de branches mortes
Ou fuites de noirs vols d'orfraies au ciel d'orage ;

Le pennon et le glaive hauts en ses mains fortes
Il traversa le val et la mer et la plaine
Et vit un soir la ville et les murs aux sept portes,

Et sur la tour de marbre fruste, assise, Elaine !

II

Reine des seuils sacrés et des villes murales
Salut en ta splendeur par le glaive et le cor,
En tes cheveux, en tes robes, en tes opales,
En ton passé divin tout incandescent d'or !

Salut en ta douceur de femme et de fileuse,
En les aubes de paix de tes soirs véhéments,
Et d'être née ainsi dans la nuit fabuleuse
Pour resplendir au songe éternel des amants.

Sur la tour solitaire où trône ton prestige
De fleur mystérieuse et d'idole des soirs
Les ramiers douloureux roucoulent le vestige
Des âmes de jadis qui burent aux Styx noirs.

Eux qui vinrent du fond des terres sans merveilles
Vers ta face apparue en leurs songes déserts ;
Et leurs riches désirs montaient comme des treilles
Aux murs où posaient tes pieds nus vainqueurs des Mers.

A genoux comme pour pleurer leurs funérailles
Les uns mouraient d'amour devant tes seuils sacrés,
D'autres ensanglantaient la herse des murailles
Qui trouait le poitrail de leurs chevaux cabrés !

Ils percèrent parfois de flèches sacrilèges
Ta chevelure en tiare, chue à demi,
Pareille à quelque tour qui domine les neiges
Et ta chair palpitait comme un cygne endormi,

Salut en ton passé divin et dans mon âme
Etrangère debout sur les siècles haïs
Du paisible regard de ton deuil qui les blâme
Et pour ta face pâle en mes soirs éblouis!

III

Etrangère ! fatale enfant, espoir des Fées,
Le geste de ta main où luit la fleur d'Endor
Destine les héros à la Gloire ou la Mort
Et les voue au travail des bêtes étouffées.

C'est par toi que de sang se payent les trophées
Et se crispe la chair sous la dent qui la mord
Et qu'au Bois noir où l'arc de frêne vibre encore
Une odeur de tuerie éclate par bouffées.

Si le pied triomphal parmi l'ache et la flouve
Foule hors de l'antre un crin de laie ou de louve
Le cri de l'Oliphant, qui vocifère au soir,

L'angoisse de rubis dont s'orne l'âpre corne,
Du fond du passé fabuleux t'appelle à voir
La hure bestiale au poing du Tueur morne !

IV

Un fard exalte encore un peu d'ivresse morte
Aux lèvres que sa flamme ardente pourpre et brûle
Et le sourire est plus triste qu'un crépuscule
Où souffre le sanglot d'un blessé qu'on emporte
Mourir sanglant et douloureux au crépuscule !

L'antique amour a ri sur ta lèvre, ô Vivante
L'écho des forts désirs à qui la chair accède
Et les lourds midis nés à la vie éclatante
Ont plu leur clarté d'astre sur ta nuque tiède
D'où croulait ta toison chevelue et vivante.

L'impérieuse ivresse est brève comme un songe,
Sang des lèvres tari par le soleil avide !
Le fard mystérieux qui supplée et prolonge
Sourit plus las qu'un soir stérile en le ciel vide
Et la Vivante est pâle et triste comme un songe.

Ennemie, étrange Morte, Guerrière morne,
Ombre de la forêt, masque de l'aventure,
O va, pour l'invisible Chimère dont s'orne
Le casque d'or cimé que fut ta chevelure,
Abjurer ton mensonge au noir flot d'un Styx morne !

V

Que n'es-tu l'Exilée, hélas ! ou l'Etrangère
Cachant pour vrai trésor sous sa robe en lambeaux
Une pierrerie immortelle et messagère
De quelque astre levé derrière les tombeaux !

La voix d'enfant est douce en les chansons d'aïeules
Et le glaive du père mort ou massacré
Sied aux mains des filles errantes qui vont seules
Loin de la Nuit sanglante où leur âme a pleuré.

Le vent a dispersé les oiseaux et les nues,
Les feuilles volent sur le fleuve vert et noir
Et jonchent le morne sable des grèves nues
Où des iris fleuris éclatent dans le soir.

M'apportes-tu sous tes haillons de Voyageuse
A qui sourit l'étoile en la forêt sans fleurs

L'opale que la grotte avare et ténébreuse
Mit cent ans, goutte à goutte, à germer de ses pleurs ?

Si le glaive est toujours l'ornement du trophée
Où luit l'opale prise à trois griffes d'accord
Quel talisman s'exalte en tes cheveux de fée
Pour que je croie à ta promesse d'un trésor ?

Nul signe que tu sois Celle pour qui dédie
La magique forêt ses arbres merveilleux
Et ses paons triomphaux dont la roue irradie
Une extase de plume où rayonnent des yeux.

Qui sait si le flot sombre ainsi qu'une herbe mûre
Ouvrira ses sillons devant tes pas divins ?
Qu'importe de n'avoir pour preuve et pour augure
Que ta simple beauté des pays d'où tu vins.

Prends ma main ! le Soir apaise l'onde fatale
Du fleuve où nous entrons comme dans un tombeau
Jusqu'à ce qu'elle monte à ton sourire pâle...

Nul talisman en ses cheveux flottant sur l'eau !

Motifs de Légende

et de

Mélancolie

MOTIFS DE LÉGENDE ET DE MÉLANCOLIE

1

L'essieu des chars se brise à l'angle dur des tombes
Où nos âmes de jadis reviennent s'asseoir !
Et des gestes qu'ont fui des exils de colombes
Jettent à pleines mains des roses au ciel noir.

Le crépuscule pleut un deuil d'heure et de cendre
Qui courbe les fronts pâles de cheveux trop lourds
Dont le poids mûr s'effondre et croule et va s'épandre
Sur la dalle où dorment les songes des Vieux Jours.

L'éternelle Toison par delà les mers sombres
Au fond des soirs se dresse étrange en son poil d'or
Et les cornes d'émail allongent leurs deux ombres
Sur le flot fabuleux qui gronde et saigne encor.

Le flot saigne à jamais de l'éperon des proues
Qui coupaient le reflet des étoiles dans l'eau ;
Le roc rompt la carène et la pierre les roues
Et le vent à l'écueil pleure comme au tombeau !

Les Arianes aux îles des fleurs et d'astres
Qui veillaient dans la Nuit sur leur sommeil fatal
Attendent le Héros de leurs tristes désastres
Qui les doit reconduire aux vieux Palais natal.

La Chimère accroupie aux gorges de l'attente
Crispe ses ongles durs où luit le sang des forts
Et notre âme a tenté l'aventure éclatante
Du mensonge immortel pour qui d'autres sont morts.

Dormez, Princesses au manoir ! nul cor, ô Mortes,
N'éveillera vos rêves et nul glaive clair
Ne heurtera de son pommeau vos hautes portes
Où le béryl magique incruste son éclair.

Le vent de la Mer vaste a déchiré les voiles
Des nefs que l'albe aurore égara vers la nuit,
Et l'essieu s'est brisé dans l'ombre sans étoiles
La Licorne vers la forêt, d'un bond, a fui !

La Mémoire pleure sur la pierre des tombes,
Gloriole éternelle et très antique espoir,
Et ces songes sont comme un exil de colombes
Emportant à leurs becs des roses au ciel noir !

II

« Et la Belle s'endormit. »

La Belle dont le sort fut de dormir cent ans
Au jardin du manoir et dans le vaste songe
Où le cri né des clairons sacrés se prolonge
Promulguer son sommeil jusqu'à l'aube des Temps !

La Belle pour l'éveil victorieux d'antans
Que son intacte chair proclamera mensonge
A chargé de joyaux sa main qui gît et plonge
En un flot de crinière où les doigts sont latents.

Et tandis que des toits, des tours et des tourelles
Les Colombes ont pris essor et qu'infidèles
Les Paons mystérieux ont fui vers la forêt,

Couchée auprès de la Dormeuse, la Licorne
Attend l'heure et là-bas guette si reparaît
L'annonciateur vol blanchir l'aurore morne !

« ET LE CHEVALIER NE VINT PAS. »

Les Paons bleus l'ont cherché dans la forêt ! Nul soir
N'a rougi son cimier d'ailes et de chimère ;
Les Colombes blanches dont l'aurore est la mère
Ont vu la tour déserte et vide le manoir.

Et les Aïeux, dès jadis morts, n'eurent pas d'hoir
Avide d'aventure étrange et de mystère,
Héros à survenir pour l'honneur de la terre
Vaincre d'un baiser le magique sommeil noir.

L'endormie à jamais étale ses mains pâles
Où verdit une mort annulaire d'opales,
Et la Princesse va mourir s'il ne vient pas !

Plus n'a souci, Nul, de dissoudre un sortilège
Et la Licorne hennit rauque au ciel lilas
Où frissonne une odeur de mort, d'ombre et de neige.

« ET LA BELLE MOURUT. »

La Licorne ruée en fuite hume et croise
Les vents qui du midi remontent vers le nord,
Et sa crinière éparse ruisselle et se tord
Que nattait de rubis la Princesse danoise.

Loin des glaciers et des neiges roses que boise
La verdure des pins où gronde comme un cor
L'écho du marteau lourd des Nains qui forgeurs d'or
Façonnent le hanap où l'on boit la cervoise,

La Princesse aux doux yeux de lac, d'astre et de mers
Et morte et la Bête fabuleuse à travers
Les gels glauques, la nuit vaste, l'aurore morne,

Folle d'avoir flairé les mains froides de mort
Se cabre, fonce et heurte et coupe de sa corne,
Les vents qui du midi remontent vers le nord !

III

Ce fut par delà le fleuve aux rives d'iris
Que le vent agite en papillons d'hyacinthe
En un silence doux que je la conduisis
Joyeuse du grelot d'un bracelet qui tinte.

L'étonnement de son regard parmi l'aurore
Etait au fleuve clair tout violet d'iris
Où s'aile en vol de fleurs la nuit pour fuir l'aurore
Et la ville était belle où je la conduisis :

Aux escaliers d'onyx un lé d'antique soie !
Des paons veilleurs rouant des gloires de saphyr,
Des textes graves et des légendes de joie
Aux banderoles brusques de pourpre de Tyr !

La maison vide était sonore comme en rêve
Et j'entendais battre son cœur, tout bas, de joie
D'être vêtue ainsi selon un vœu de rêve
De robes d'or ouvré de rosaces de soie.

IV

Errantes aux grèves des mers parmi les roches
Leur grâce puérile minaude en reproches :

« Nous avons dans la mer trempé nos mains comme des folles
    Et cueilli des bouquets d'écume et d'algues rousses ;
    Nos amants ont glané les fleurs de nos paroles
    Et vont là-bas humant le miel des lèvres douces
Dont le parfum flotte au soir pavoisé de nos paroles !

Voici toute la mer qui croule aux plages douces
En floraison d'écume éparse et d'algues folles.

Nos beaux amoureux sont vêtus de soie et d'écarlate,
    Ils ont des colliers d'ambre et des bagues d'opales
    Et l'orgueil par un rire à leurs lèvres éclate
    D'avoir cueilli l'aveu de nos avrils, fleurs pâles
Qu'il portent en grappes aux pans de leur robe écarlate.

    La mer déferle et pleure au long des grèves pâles
    Et le rire des flots aux dents des rocs éclate.

Nous n'irons plus au bord des mers, nous n'irons plus, ô folles
    Sur les sables stellés de lagunes d'opales...
    Les oiseaux de passage ont volé nos paroles
    Qui parfumaient le soir ainsi que les fleurs pâles
Les Infidèles sont partis, nous n'irons plus, les folles !

    Les saphyrs de nos yeux s'attristent en opales
    Et l'écho des cœurs morts est sourd à nos paroles ».

Eux qui fuirent les blondes femmes vers les villes
Dont les murs contre les charmes sont des asiles,

Ils ont heurté les portes d'or
Du pommeau rude de leurs glaives
Et leurs lèvres étaient encor
Amères de l'embrun des grèves.

Ils entrèrent comme des rois
En la ville où la torche fume,
Au trot sonnant des palefrois
Dont la crinière est une écume.

On les reçut en des palais
Et des jardins où les dallages
Sont des saphyrs et des galets
Comme on en trouve sur les plages

On les abreuva de vin clair
De louanges et de merveilles ;
Et l'écho grave de la mer
Bourdonnait seul à leurs oreilles !

*
* *

Elles diront quand las des jardins de la ville
Leurs amoureux appareilleront vers quelque île :

« Leur nef rasa de près les rocs du promontoire
Où ne plus rire fut toute notre tristesse
Et d'être assises en cette pose qui laisse
Pendre ses mains avec des brisements de lis,
Et leur départ hésite aux rocs du promontoire
Et s'enfonce en voguant aux occidents pâlis.

Vogue, ô Navire, et va sans nous chercher des îles
Mystérieuses où les grèves sont désertes.
Nos chevelures valaient les algues inertes
Que tressera, là-bas, l'ennui de leurs doigts las
D'avoir si loin ramé vers le port et les îles
Où les fruits doux mordus ne leur suffiront pas !

Et si quelque tempête un soir te désempare
Tu n'auras pour franchir le piège des parages
Nos lourds cheveux à tordre en guise de cordages
Et nos chants pour calmer le tumulte des flots
Submergeurs des vaisseaux que le vent désempare
Ni nos yeux pour guetter l'embûche des îlots.

Plus tard ils rêveront en l'exil misérable
A des retours vers nous vogués à toutes voiles,
Et nous serons pour eux des souvenirs d'étoiles
En le passé stellé du feu de nos yeux clairs.
Ils pleureront à nous dans l'exil misérable
Comme on pleure à des levers d'astres sur les mers ! »

V

La Vie étrange et douce et lente va mourir
En vigne qui s'effeuille au temps des grappes mûres.
La chevelure est toute aux prises du saphyr
Et le désir s'entrave aux boucles des ceintures.

La voix du vieil amour qui riait à l'aurore
Sanglote dans le soir et suffoque et larmoie
Et la fontaine pleure en la forêt sonore
Encore des échos de notre antique joie.

La ceinture agraffe son étreinte mauvaise
Et de sa boucle griffe les robes meurtries,
L'aile du vent s'acharne en les cheveux où pèse
L'emprise d'ongles d'un joyau de pierreries !

O dans l'aurore après l'affre de la vigile
Où mon âme saigna son angoisse au désert
La robe s'allongeait en rite d'Evangile
A l'entour des pieds nus et lavés par la Mer.

La terre d'ocre et de stérile Samarie
Fêta Celle qui vint, par miracle, sa joie !
Et le pli de sa robe étalée et fleurie
Secoua des roses prises parmi la soie.

Crispée en amas roux aux griffes d'un saphyr
Ruissela du joyau maître la chevelure !
Et les seins divulgués jaillirent pour s'offrir
Au désir qui s'irrite au nœud de la ceinture.

Et l'amour a dormi sous l'averse des roses
Et nue et douce et plus rieuse qu'une enfant
En qui revit l'âme grave d'antiques choses
Qu'apporte du fond des vieux royaumes, le vent !

Le vent chargé d'exils, de songes et d'années
Et de voix mortes aux oublis de la mémoire...
Elle a dormi selon les vieilles destinées
Qui la voulaient soumise au gré de ma victoire.

Pour railler par échos la clarté de ses rires
Sourdirent des douceurs de flûte et de fontaines !
De glorifiantes et laudatrices Lyres
Chantèrent par delà les arbres de la plaine.

A travers ses cheveux épars dans du soleil
J'ai vu monter des forêts hautes et des terres
Où passait dans le soir violet et vermeil
La harde des Désirs cabrés en Sagittaires.

A travers l'odeur chaude dont sa chair endort
J'ai vu des ciels clairs où grimpaient des fleurs étranges
A vaincre d'un parfum la folle et vieille Mort
Titubant du vin bu de ses tristes vendanges.

La rumeur des grands flots aux caps des péninsules
Apaisés sous le soir et sous les vols d'oiseaux
Fut au rythme de ses seins, et des crépuscules
Stellèrent vaguement ses yeux larges et beaux.

L'antique Samarie où pria ma vigile
Sur la Terre déserte et sous les oliviers
A fleuri son miracle à la voix d'Evangile
Qui vint du pays des Songes émerveillés.

Le vent a balayé les roses éphémères
Aux marais par le soir élargis dans les nues !
Les joyaux aigus sont des griffes de Chimères
Et les boucles des dents de Bêtes inconnues.

La robe lourde et longue et grave est une armure
Et l'or des cheveux roux un casque de guerrière ;
Le désir s'entrave aux boucles de la ceinture
Qui s'agraffe en rigueurs d'étreinte meurtrière.

L'ample robe a vêtu d'un mystère vorace
La chair nue à jamais pour mon rêve et reprend
Sa rigidité de hiératique cuirasse
Où darde le soleil futile et fulgurant,

Et le vent de l'Automne exfolie et saccage
La vigne nue et jusques vers la Mer emporte
Le sanglot éperdu qui pleure le passage
De Celle qui s'en va parmi la Forêt morte !

VI

Les fleurs sont mortes sous ses pas
De la plaine aux collines pâles
Et le ciel est d'un rose las
Comme les roses automnales ;

Les fleurs sont mortes en ses mains
De la maison aux jardins pâles
Et le vent chasse à pleins chemins
Un tiède sang de purs pétales.

La voici seule et nue en le soir de mon songe !
Les oiseaux en passant sur sa tête ont pleuré
Le vent en emportant sa voix douce a pleuré
La source en reflétant son visage a pleuré
Elle va seule et nue en le soir de mon songe.

La porte est fermée et les fenêtres !
Et nul phare de lampe aux vitres mortes
Et la maison parmi les vieux hêtres
A la tristesse des demeures sans maîtres
Et dans le puits on a jeté la clef des portes !

Les grands Cerfs roux viendront flairer aux serrures
Et fuir au bruit léger des faînes sur le toit
Et les oiseaux mangeront seuls les grappes mûres
Comme de lourds rubis au manteau d'un vieux roi !

Je sais la forêt sombre où s'en va l'enfant nue ;
Sa main est froide encor du cuivre du heurtoir
    Etrangère qu'ont méconnue
La maison taciturne et l'hôte sans espoir.

Les vents accroupis comme des chiens voraces
Du seuil des antres sourds hurleront sur ses pas
Et pour la Fille en pleurs des royales terrasses
Les Portes du palais ne se rouvriront pas !

Ses las cheveux en proie aux souffles du ciel morne
Flotteront dans l'aurore et le soir à jamais !
La forêt et le mont où la Lune s'écorne
Ignoreront le prix de leurs ors parfumés

Le triste Maître de la maison déserte, pleure !
La hêtraie immobile ou folle, selon l'heure,
Se balance ou s'endort, s'apaise ou murmure ;
Une à une les faînes tombent sur les toits,
Les grappes s'égrènent dans l'herbe mure
     Et par la vitre vers le bois
Et la plaine et le jardin que la mousse ronge
Le triste Maître en deuil du mal de quelque songe
       Regarde et songe :

« En l'antique forêt des hêtres et des houx
Sur qui le crépuscule expire en mort de mauves
Les arbres bercent sur les branches des hiboux
Dardant une pierrerie étrange d'yeux fauves.

Forêt vaste qui croît sur ma terre de songe
Cache au moins dans ta vie un pan du dur tombeau
Où gît ce que mon âme a cru du vieux mensonge
Et mêle l'aube et l'ombre à mon rêve plus beau.

Si les anciens désirs volent de cîme en cîmes
Avec de longs cris doux de tristesse et de nuit
Epanche la douceur de tes voix unanimes
Sur la maison déserte à qui quelque astre a nui !

Hélas ! les arbres sont hantés comme mon âme
Et des yeux vigilants s'irritent dans le soir
Et voici par le bois où le cerf rôde et brâme
Luire des griffes d'or en le feuillage noir. »

VII

Que t'importe je sais le mot, le charme et le signe !

Les bois clairs sont oisifs de brises et d'oiseaux
Et les grappes des hautes vignes
S'égrènent, une à une, dans les eaux
Tranquilles où dans les roseaux
Dorment les cygnes !

Les loups méchants dans les chemins de ma forêt
Fuiront furtifs et roux comme mes vieilles haines ;
Ma mémoire pareille aux fontaines
Oubliera le passé qui s'y mirait
Pour y pleurer ses peines
Avec sa pâle face de Geneviève aux tristes Ardennes
Parmi l'exil de la forêt.

Les biches blanches qui broutent l'ache et le cytise
Et grimpent aux rochers de mousse et sont rieuses
De gaîtés mystérieuses
Viendront selon tes clairs regards qui les motivent
Manger en mes mains oisives
A l'ombre des saules ensoleillés et des yeuses.

Ton regard n'est-il pas tous les passés en moi
Ta voix tous les oiseaux du bois qui dort
Et garde un lac de mort
Sous les grappes s'y égrenant, une à une, en rides d'émoi
Celui qui t'exila dans les grottes du Nord
C'était Moi,
Puisque je sais le mot, le signe et l'endroit
Où paissent dans la nuit les palefrois
Nous reviendrons un jour vers le Palais du Roi !

VJII

Ce vent triste qui vient du fleuve et des prairies
En arômes de fleurs, d'îles et d'oseraies
Et qui passe à travers les arbres des futaies
Où veut-il donc mourir las de ses rôderies
Vent de prés et d'arbres !
Qui chuchote aux lèvres de mousse des vieux marbres
Voix en exode, voix en peine et vague !

Il était un bois noir, comme une âme, ombre et songe !

Les mille feuilles en cœurs vivants des lierres,
Jours d'antan clairs et brefs comme des clairières,
Mousses du vieux silence aux lèvres qu'elles rongent,

Ruisseaux qu'on suit longtemps sans les voir
A leur murmure sous les branches,
Chênes plus vieux que le manoir
Au bout de l'avenue issu, dormant et noir,
Avec les filles du vieux Seigneur en robes blanches !

Le vent aux feuilles déjà rousses papillonne,
Le vent aux feuilles a des soupirs de vierge,
Les glaïeuls défleurissent leur flamme de cierge,
Le vent va-t-il mourir en la forêt d'automne ?

Il courbe les fléoles et les hautes herbes
Et semble une main qui flatte des cheveux fins.
Ah notre meule était toute de bonnes gerbes
Et nos greniers d'hiver lourds d'orges et de grain
Et les gais étains clairs riaient à notre faim.

Le vent agite follement les campanules
De la fenêtre ouverte aux fièvres du lit blanc...
Souvenances des passés en fleurs carillonnant,

Troupeaux du doux jadis au gué bêlant,
Et les voix de la barque nous hélant...

Du fond du vent et de parmi les crépuscules!

IX

Un si pâle pastel qu'il semble être un miroir
Où tu fus rose et blonde et douce, et qu'un espoir
De sourire illumine en sa poudre ancienne,
Une fleur en un cristal noir
Où semble avoir brûlé par la magicienne
Le vieux philtre d'amour qui rend pâle au miroir !

Un satin froid qui meurt sa flore cueillie
En des Jardins que savaient les Tisseurs du vieux temps
Casse en ses grands plis durs des lys et des glaïeuls
Au dossier des fauteuils :
Etoffe vaine, faux printemps
Dont s'était parée, ô Jolie,
Ta folie
D'avoir ri de ces lèvres de fruits éclatants !

Un fin collier qui pleure en perles une à une
Sur le tapis et roule en grêle jusqu'au parquet
Où miroite un lac de cygnes enfuis la Lune,
Et le fard, l'éventail, la mule et le bouquet !

Pastel, fleurs et satin ! collier, et la mémoire
Des roses de la barque éparses sur l'eau noire
Qui mire le tombeau de bronze et de basalte,
C'est tout ce qui demeure et tout ce qui s'exalte
Du grand délice mort par qui mon âme est chaste.

X

Au royaume oublié des Nefs et des Vigies
Les grands Oiseaux plus lents que les vagues
Rasent la côte avec des ailes élargies
Et cherchent la Morte dont les bagues
Luisent au sable qui couvre ses mains pâlies !

Le flot de la Mer n'a plus d'écume,
Les roses s'ouvrent comme des lèvres mortes
Sans espoir de quelque Avril posthume
Où refleurir encor les vitres et les portes
Du Palais perdu parmi la brume.

Flot sans écume et crépuscule aux ailes lasses
Dont l'ombre est légère aux grèves d'ombre
Et flûte suraigüe à l'angle des terrasses
Dont l'ombre déborde aux jardins d'ombre
Où les clefs sont aux serrures des portes basses.

XI

Des songes du plus beau des soirs
Rien ne survit en l'aube aride
Qui ne montra dans les miroirs
Que sa morte paleur d'Armide.

Jardins, portiques de portor,
Iles, eaux, fleurs, grottes, prairies
Où les paons gardaient un trésor
Dont ils semblaient les pierreries !

Le sortilège enseveli,
Cendres sans phénix par la flamme,
Isole sous le ciel pâli
La face triste de la femme.

Voici mort le royaume faux
Croupir en la nuit ancienne.
Tombez sourires triomphaux
Et fard de la Magicienne.

Des songes du plus beau des soirs
O victime et dépositaire
Confronte à tes mornes miroirs
Un éveil d'Amant solitaire !

Scènes au Crépuscule

> La Nuit monte trop vite et ton espoir est vain.
> José Maria de Héredia.

SCÈNES AU CREPUSCULE

I

Le vent du soir dénoue aux robes défleuries
La ceinture d'émail et l'écharpe de soie,
Les draps lourds des tréteaux ondulent aux prairies
Où frissonne la banderole qui s'éploie.

Il filtre un air épars de flûte et de viole
Soupir d'archet qui vibre aux grêles cordes d'or
Et cesse si jaillit du chœur qui s'étiole
Quelque sanglot trouant la toile du décor.

De grands orgueils rompus comme en éclats de glaives
De grands espoirs tués comme des oiseaux bleus
Qui saignent par la nuit de la mer et des grèves
Où luisent les torches des Actes fabuleux.

Le cri du buccin clair s'enlace de violes,
Il meurt des ailes aux franges d'or des tréteaux
Et des flûtes tout bas pleurent des glorioles,
Rames des Nefs d'espoir en larmes sur les eaux !

Le crépuscule est si triste et ce soir de fête
Si dénué de rire et hanté du vieux songe !
Et la prairie est toute rose et violette
Et le geste en un geste d'ombre se prolonge.

Et les Joueuses en leurs robes défleuries
Sentent leur voix rétive aux rôles oubliés,
Sur elles se mourir l'éclat des pierreries
Et leurs masques choient et se brisent à leurs pieds ;

Plus tremblantes dans l'ombre où tremble une viole
Elles écoutent frissonner toute la mort,
 Et jaillir comme un cri du chœur qui s'étiole
Le buccin clair trouant la toile du décor !

Face à face et devant le soir qui les fascine
A l'étrange prairie où ne foule les fleurs
Nul Avide d'ouïr la Fable sybilline
Que se diraient leurs voix d'Amantes et de Sœurs !

Et le doux chœur épars et grave comme une âme
Lasse à jamais et qui pleure et suffoque au songe
Des bleus oiseaux brûlés par la torche de flamme
Rétorque le silence où se plaît leur mensonge !

II

En allant vers la Ville où l'on chante aux terrasses
Sous les arbres en fleurs comme des bouquets de fiancées
En allant vers la Ville où le pavé des places
Vibre au soir rose et bleu d'un silence de danses lassées
Nous avons rencontré les filles de la plaine
Qui s'en venaient à la fontaine
Qui s'en venaient à perdre haleine
Et nous avons passé !

La douceur des ciels clairs vivait en leurs yeux tristes
Les oiseaux du matin chantaient en leurs voix douces !
O si douces avec leurs yeux de bonne route
Et si tendres avec leurs voix de colombes indicatrices.

Elles s'assirent pour nous voir, tristes et sages,
Leurs mains jointes semblaient garder leurs cœurs en cages !

Les ballerines ont croisé nos chemins
Et nous avons suivi leurs fards, leurs rires, leurs tambourins
Pour les perdre un soir d'ombre au détour du chemin...

Nous allons vers la Ville où l'on chante aux terrasses
Sous les arbres en fleurs chercher les Fiancées
O cloches d'allégresse au silence des places
Les clochers tremblent comme des fleurs balancées !

Nos espoirs entreront par les portes ouvertes
En vols de papillons légers aux vastes ailes
Avec les hirondelles
Qui s'en viennent inertes
Lasses d'avoir passé et repassé les mers
Et vers les angles noirs et sur les pavés clairs
Nos espoirs volèteront en ombres joyeuses
Comme des pétales de fleurs merveilleuses
Que pleut le soir d'avril aux tresses des fileuses

III

Les papillons sont pris en les fils des rouets !
Et la Ville est fatale aux destins de misère
Qui passent en songeant sous leurs manteaux troués.
Le vent venu des prés est nué d'éphémères...

Les rouets sans repos chantent aux seuils des portes
Vibrants et doux et comme en mémoire d'abeilles,
Et les métiers subtils de soie ourdie moquent
Les blancs vols prisonniers dont ils captent les ailes ;

Le vent s'irrite et rit en les marteaux troués
Par le vieux mal de vivre aux destins de misères.
Les papillons se prennent aux rets des rouets
Et le soir tombe sur la Ville sage et claire

En papillons mourant aux tresses des fileuses !
Et l'étoile se double au flot de la fontaine...
Pour qui tissent-elles ainsi la laine neuve
Puisqu'aux trous des manteaux en loques la chair saigne.

Triste Ville où le Pèlerin se passionne
Aux doux visages apparus à la fenêtre !
Ses sandales traînent les feuilles de l'automne
Sur les pavés que frappe son bâton de hêtre.

Les fileuses d'été qui riaient sur les portes
Ont suspendu le chanvre à la poutre de l'âtre
Et pensent d'agneaux nés de mères qui sont mortes
Et comme eux se blottir au manteau du bon pâtre.

Derrière le gel clair de la vitre que gerce
La brume où les feuilles sont des oiseaux légers
Elles regardent à travers toute l'averse
La ville comme une âme ouverte aux étrangers ;

Et par delà l'exil glauque des verres pâles
Comme au fond d'un songe qui les garde captives
Les faces apparaissent aux croisées des salles
Où l'ombre monte du parquet jusqu'aux solives.

Le givre arborisé, fougères et lianes,
Forêt prise au cristal d'un lac qui la simule...
Fait d'elles comme des songes de Vivianes
Qui regardent passer l'Errant au crépuscule.

Ah toutes ! donnez-lui la paix des bonnes lèvres
Et le sommeil parmi les cheveux et l'espoir !
Et la robe tissée à bien dormir ses fièvres
Pour que son pur tombeau lui soit doux quelque soir.

V

Elle habite, cette Ame, à l'orient des villes
Près du fleuve désert où boivent les oiseaux.
La mousse ronge la maison aux murs stériles
Où se tord un nu cep sans pampres ni fruits beaux.

Elle a marché suivant le héron ou l'aronde
Qui sur les prés d'avril et les marais d'automne
Passe et repasse et qu'un caillou de quelque fronde
Décime et qui saignent sur le jonc qui frissonne.

Le soir a tressailli de son sanglot nocturne
Au retour morne après tant d'espoirs et d'aurores
Elle s'attarde assise à son seuil taciturne
Si passe un bruit de pas, d'armes ou de mandores.

Ah! le fleuve est désert le long des routes pâles
Et la porte est ouverte à qui n'est pas venu
Aux pierres du chemin dans l'usé des sandales
Et quelque rose en feu fleurie au bâton nu !

Ah ! comme on l'a cherché par le val et les landes
Comme cette âme fut pareille à quelque oiseau
Et la triste maison sans treille ni guirlande
Crispe à son âtre noir la harde et le manteau !

VI

Les grands chars sont entrés dans la forêt sonore
    Où les essieux frôlaient les talus en fleurs
Sur le bord du ruisseau tiède d'un ciel d'aurore
    J'ai cherché des perles rares et des fleurs.

Les grands chars sont entrés sans moi dans le bois d'ombre
    Perdus à jamais au détour des chemins,
Et le doux flot contait des choses à mon ombre
    Et j'ai ce soir des trésors à pleines mains !

Le rire des essieux entravés de guirlandes
    Les mules d'amble aux sabots fourrés de soie,
Et les Dames tordant entr'elles des guirlandes,
    Et les éclats des fouets tressés de soie.

Tout le cortège des Sœurs blondes et des Frères,
    Avec qui j'ai franchi les fleuves, les prés
Et les monts où les gemmes jaillissaient des pierres
    Sous le pas des chevaux hâtés vers les prés.

Entra dans la forêt merveilleuse et magique
    Où les fleurs des talus frôlaient les essieux.
Et j'erre seul parmi le soir, riche et magique,
    Les doigts embrasés de joyaux précieux.

Je ne franchirai pas la borne des lisières
    Pour joindre les chars perdus parmi les arbres ;
Les chevaux dételés hennissent aux lisières
    Troublant les nids de pie au sommet des arbres !

Le parquet clair frappé de quelque haut cothurne,
La guirlande ondulante au vent d'un geste prompt,
La ride hilare à la bouche du mascaron,
L'héroïne riant au héros taciturne,

L'emphase langoureuse et la lampe nocturne
— Pâle Psyché que tes sœurs pâles haïront !
Tout préambule de prologue s'interrompt
Et le manteau se drape au socle nu de l'urne.

La chevelure est éparse jadis torsade !
Et la vie exaltée et folle qui parade
A travers ses fards morts sanglote le cri vrai,

Le cœur bat comme un oiseau blessé qui s'affole
Et voici de la gaine et du coffret ferré
Luire dans l'ombre, enfin ! l'Epée et la Fiole.

.

L'éclair mystérieux qui déchire le soir
— Signe funèbre parmi la nuée étrange,
Geste muet et tors de quelqu'un qui se venge—
Délégua par l'exemple, à l'Epée, un devoir !

Une toxique flore aux murs du vieux manoir
Crispe ses griffes en la pierre qu'elle mange
Et la tige et la fleur ont fourni le mélange
Qui d'un mal terne et froid ronge le verre noir.

Main tueuse que voue une annulaire opale !
Le cristal du goulot brûle la lèvre pâle
Et le flacon se brise aux dents qui l'ont mordu

Et si ces deux Vivants maintenant sont des Ombres
Qu'au moins le sang vivace et par la terre bu
Fleurisse à leur tombeau l'ardeur des roses sombres.

VIII

C'est l'aventure impérieuse des printemps
Par qui d'un double amour en deux des cœurs s'éveille
Un songe à qui quelque autre songe s'appareille,
Concordance des accordailles dans le Temps !

C'est l'aventure de toujours et de longtemps
Et les regards rôdeurs en piqûres d'abeille ;
La grappe lourde ploie un entrelacs de treille
Et voici chanceler les rires éclatants.

Le soir est violet sur les Bois et la Mer
Expire en diamants d'écume un sel amer
Et l'Amour exalté brûla haute sa flamme !

La Nuit morne pleut comme un blessé saignerait
Tout est mort et tu sais maintenant, ô mon Ame,
La vieille histoire et le tombeau dans la forêt.

IX

Viens endormir encor ces songes monotones
O vent triste, oiseau mystérieux de l'hiver !
Songes que n'ont vaincu par l'amour et la chair
Les bouches fructueuses des grasses Pomones
Ni le rire en éclat aux conques de la mer.

La seule voix, la voix précieuse
A passé le long du rivage
En l'aurore ou le soir au large
Sans qu'abordât jamais la barque au mat d'yeuse.

Et j'entendais pleurer les rames sur la mer
Et les oiseaux frôler les voiles
Et j'attendais sa face en ses cheveux sur le ciel clair
Et l'été doux pleuvait d'étoiles.

Je n'ai pas connu ton visage d'aurore ou de soir
Jamais tu n'es montée à la proue, ô Sœur,
Pour montrer que ta voix serait sœur de ta douceur
Et pour voir
Le pays de châteaux et de dunes
Derrière qui sombrent, une à une, les lunes,
La vieille terre que tu côtoies
Où mon âme attendait ta venue aux pavois.

Doux vent, apporte-moi de la Mer et des Iles
L'écho de ta voix douce aux soirs de mers et d'or
Doux vent, apporte-moi comme un oiseau du Nord
Quelque rameau fleurir à mes jattes d'argile ;

Doux vent, chasse du fouet de tes lames montantes
Celles qui dansent sur la plage et dans le bois
Et brise aux durs rochers qu'offensent d'autres voix
Le stérile rire des conques éclatantes ;

Doux vent, sois ma tristesse et mon âme chagrine
Et mon songe courbé sur un âtre sans or,
Sois le doux oiseau blessé que sur sa poitrine
Berçaient les nuits d'Hamlet en ses châteaux du Nord.

X

Par delà les fleuves taris
Fabuleusement anonymes
Gesticule aux jardins fleuris
Le jeu sans parole des mimes.

Des éventails et des épées
Des saluts et des préambules
Et des lèvres de priapées
En des teints blancs de crépuscules.

Le long des fleuves innomés
Au jardin de désuétude
Où dans l'effeuillement des Mais
Le thyrse de l'an se dénude,

En robes follement flories
De rosaces pour la chimère
Où se cachent des pierreries
Mourir leur gloire qui s'altère,

L'aphône parade des mimes
Par groupes impairs évolue
En masques de fards anonymes
Un rite de fable perdue !

Le Songe de la Forêt

LE SONGE DE LA FORÊT

Bois magique qui fleuris de roses la colline
La descente éblouie aux plaines des collines !

Les Enfants en rond chantaient tes printemps dans leurs rondes
Et ton laurier magique et la Dame et tes roses
Et les Filles mêlaient parmi leur tresses blondes
Le geste d'y piquer ton laurier et tes roses.

Et les garçons chantaient la Dame merveilleuse
Et les filles jouaient la Dame merveilleuse !

Les jeunes hommes, le soir, près de la Fontaine
Parlaient si bas de ton mystère comme en rêve
Disant : la Dame merveilleuse, là, prélève
Les lauriers dont se laure sa natte hautaine
En couronne et ses mains qu'annelent les opales
Scellent en sa robe des bouquets de roses pâles
Et peignent ses cheveux où meurent en couronnes
La jacée et les jacinthes et l'anémone...

Et quelques-uns pleuraient encore la terreur vaine
D'avoir par les chemins marché vers ton mystère
En l'aurore ou par la lune de nuit stellaire
Et d'avoir reculé d'épouvante sacrilège
A s'introduire au mystère de ton silence.

Les Chevaliers à l'heure où leur sieste s'allège
A fourbir le casque, le glaive et la lance
Racontaient leur passage en la Forêt magique
Et cécité fatale et morne des visières !
Disaient n'avoir rien vu dans la forêt magique
Sinon de grands cerfs roux comme un automne mort
Aux branches du hallier heurter leurs cornes d'or

Et longuement brâmer en arrêt aux lisières
Et des avrils neiger au lac qu'elle recèle
Dormir de fleurs et d'eau parmi les joutes d'ailes,
Lacs où vers l'aube choient des Etoiles aventurières.

Et de la Dame merveilleuse
N'avoir vu ni la robe ni les couronnes merveilleuses !

D'autres, partis Pélerins doux vers la Colline
Et le magique Bois que sacre la colline
Et vers l'ombre où leur ombre vague s'est perdue
Disparurent pendant des ans et des années !
L'herbe d'oubli poussa dans leurs maisons désertes
Le vent aux trous des serrures pleura la clef perdue
Et la cloche au clocher par les aubes désertes
Les appela pendant des ans et des années !

Ils revinrent comme éblouis d'un rêve mort
Et comme si dans la Forêt ils étaient morts
N'ayant plus au sortir retrouvé que leur ombre
Et très doux ils erraient jusques au crépuscule

Et s'asseyant le soir au seuil usé des portes,
En des flûtes lentes, les doigts sur les trous d'ombre
Où semblaient s'infiltrer l'ombre et le crépuscule,
Ils jouaient en leur âme à des étoiles mortes !

Quelqu'un chantait dans la Forêt parmi le soir.
A la Dame de sa folie et de son espoir :

Quand vous prites mes mains entre vos mains pâles
En le bleu mort
De leurs opales
Mon âme fascinée a vu des lacs de mort
Et dans le bois bleu d'ombre glauque aux opales
D'eau morte, d'eau miraculeuse et végétale
De fleurs flottantes où le silence dort
J'entendis sur l'étang chanter votre oiseau d'or.

Le bois clair se gemma de voix de pierreries
De voix de diamants, de voix de rubis, de voix de saphyr
Et le chant s'exhala plus riche à se fleurir
Et l'Oiseau semblait crier des pierreries

Et j'entendis longtemps ainsi votre Oiseau d'or
    Au fond de mon âme
   L'oiseau qui buvait, ô Dame,
Aux lacs glauques de vos opales de mort !

Puisqu'en mon rêve s'exagère
Le bois magique pour exclure
De tout horizon d'autre terre
Cette âme folle d'aventure...

Puisque la forêt multiplie
Le piège tors de ses guirlandes
Afin qu'en son ombre j'oublie
Mon ombre en route sur les landes...

Puisque le charme a capté l'âme
Si folle jadis d'aventure
Au bois où l'accueille la Dame
De doux sourire et d'aventure.....

.·.

Le chant gemmal de l'oiseau d'or aux étangs glauques
Fifre un ultime et clair diamant en les roses
Dont brûle tout le bois d'une ardeur qui suffoque

Et la Dame se plut de rire emmi les roses !

Le jeu gemmal de l'oiseau bleu disperse et flûte
Une suprême opale opaline et pâlie
Où bleuit comme un reflet mort de lune occulte

Et la Dame en tristesse a cueilli l'ancolie !

Nous chercherons, Dame, les gemmes merveilleuses
Dans l'eau, la roseraie et les herbes fleuries
Où gît éparse la trouvaille merveilleuse.

Le Bois crépusculaire abonde en pierreries !

II

Côte à côte parmi les roses où les pointes
De tes seins ont rougi leur éveil rubescent
Un blanc frisson d'aurore étire nos chairs jointes
Quel rêve triste ou bon a pourpré là son sang !

Es-tu les routes d'or ou les sentiers immondes ?
La grande Nuit fatale a bercé nos sommeils,
Un songe m'a roulé par des ans et des mondes
A travers l'ombre étrange et la mort des soleils !

Ton amour est profond comme la forêt morne
Malgré ses roses et ton rire et tes oiseaux
Et la traîne de tes robes où la licorne
Ecrasait des rubis au bris de ses sabots :

Tes baisers sont plus doux que les grappes d'automnes
Et mûrs de ton attente éternelle et tes yeux
Ont vu la renaissance et la mort monotones
Des Phénix, tour à tour, leurs fils et leurs aïeux ;

Tes seins aigus sont nus comme ceux d'une mère,
Leur défaite de soie est toute là, et nu
Ton corps dont j'ai tué peut être la chimère
Par la robe arrachée au mystère qu'il eut !

III

Le Dormeur du mystère de la Forêt dit à la Dame
Qui dormait nue en ses cheveux, auprès de lui, dit à la Dame :

« Regarde vers l'orée et l'aurore
Par la trouée ouverte en le bois
Mon rêve rêvera de ta voix
Que vois-tu par delà la forêt et l'aurore !

« Tourne-toi vers l'orée et souris à l'aurore,
A demi soulevée éblouie et divine
Ecarte d'un lent geste étrange et vague encore
Les hautes roses dont l'herbe en fleurs te domine.

« L'écho des jours perdus est mort en ma mémoire
Et mon passé natal est vague comme un songe
Tes cheveux sur mes yeux mi-clos et sans mémoire
Mêlent leur cendre éparse aux tresses de mon songe »

— « Je vois là-bas des plaines claires vers un fleuve
Où sont des îles d'ombre et des roseaux fleuris
Un fleuve ralenti de sables et d'iris !
Et la plaine est déclive et meurt jusques au fleuve
La houle des blés mûrs versés d'épis prospères
Et prompts à résurgir quand le vent a passé
Sur les fleurs de la rive et la moisson des terres
Avec les vols chanteurs qu'il emporte et disperse ;

« Et plus loin par-delà le fleuve prélassé
Dans l'éveil ébloui des prés verts qu'il traverse
Voici des bois d'aurore où chantent des fontaines...

« Et par-delà les prés et le fleuve et les plaines
Et l'or des vergers roux par d'antiques soleils
Qui mûrirent l'abondance des fruits vermeils

Et les jardins joyeux de marbres et de roses
Où des enfants cueillent des grappes sur les treilles
Et dansent parmi les pourpris et les abeilles
Monte un songe de Ville au fond des brumes roses.»

— « Je sais les doux enfants à rire aux beaux jardins
Et leur rire était jadis sur mes lèvres et dans mon âme !
Et ces matins
Ivres de danser parmi les abeilles sont dans mon âme
Qui fut là puérile emmi les beaux jardins

« Et mon heure mordit aux grappes mûres
Par qui rit aux lèvres une pourpre sans blessures !

« Ces choses de jadis dont nous portons la mort
En l'éternelle crypte albe d'une aube blême
De notre âme partiel tombeau d'elle-même
Sont tristes et douces et pourtant regarde encore. »

— « Je vois la Ville et ses trois portes sur la plaine
Et les Palais comme en un rêve et la terrasse
Où l'on s'assemble au soir pour y filer la laine
Et les places, les carrefours et la fontaine
Où peut boire selon sa soif quiconque passe
Et préfère l'eau vive au vin inébriant ;
Et cette ville est douce ainsi vers l'Orient
Parmi les vergers roux dont il est embaumé.

« Hélas ! des seuils furtifs, où sur les portes peintes
Rit quelque obscène masque équivoque et grimé,
Chassant leurs doux Amants qui pleurent leurs étreintes
Au simulacre dont elles sont un mensonge
Des femmes, dont la lèvre interloque et prolonge
Par le rire fardé de sa mauvaise joie
Où passe le rictus sculpté du masque obscène
Le remords qu'ils iront laver à la fontaine
Des baisers de hasard que leur âme larmoie,
Sont en l'aube debout sur les marches fatales !

« Et la Ville alentour sommeille et semble morte »

— « Je sais cette folie étrange et les lèvres pâles
De l'eau froide et lustrale où le fard est resté
Le mauvais nous-même qui rit en masque à la porte
Et que nous oublions hélas avoir été !

« Par la trouée ouverte en le bois, Sœur, regarde
Vers l'orée et là-bas regarde...»

— « Par les portes ouvertes grandes sur la Plaine
Où ruisselle en midis le soleil et sa joie
Les Chevaliers sortent et marchent vers la plaine
Et la Ville est en fête de palmes et de soie
Et la Ville est en fête de cloches et de cris

« Et la Ville et la Terre et le Ciel sont fleuris !

« Les chevaux harnachés d'argent et d'écarlate
Blasonnés d'écussons et la pointe au frontail
Et la crinière pendante tressée en natte

En un cabrement clair de housses et d'émail
Viennent tenus en mains par des pages alertes
Laissant jusqu'en l'herbe traîner leurs manches vertes,

« Des pennons de sinople écartelés d'azur
Affrontent sur leurs champs le Dragon et la Guivre !
Des baladins heurtent des cymbales de cuivre
Larges comme un soleil au mois du maïs mûr !

« Les Chevaliers sont d'or et graves dans la fête
Exultante de palmes, de cloches et de cris
Et sur leurs écus clairs se contourne la Bête
Qu'ils vaincront de l'Epée aux beaux combats fleuris
Des fleurs qu'offrent les Princesses et les Captives
En quelque tour de marbre emmi les marais noirs.

« Et l'or de leur armure est déjà l'or des soirs
Cuivrant le prompt retour de leurs quêtes votives :

« Et les Uns vers la Terre où pleure dans la Nuit
L'unanime sanglot de tous les misérables
S'en vont où le destin de leur glaive ne luit.

« Les Autres aux vaisseaux à l'ancre dans les sables
S'embarquent sur la mer et vers les Outremers
Et leurs pennons flottent au vent comme des voiles ;

« Ils iront tous ainsi vers de Bonnes Etoiles
Vers l'aventure et l'inconnu des sorts divers.....

« N'étais-tu pas, étant des Sûrs et des Fidèles,
Cimé de la chimère ardente et casqué d'ailes ? »

— « Les tours en les marais étaient vides comme des tombes
Et les Princesses mortes depuis des ans et des années !
Les Rouets, les Pleurs, les Colombes
S'étaient tus, s'étaient taris, s'étaient données
A ceux qui passèrent avant nous, à ceux d'alors
Qui vinrent avec des lances et des cors
Dont l'accord se prolonge encor en les Années !

« La fange des étangs où nous nous enlisâmes
A nos armures d'or sécha glauque et livide
Et nous allions comme vêtus de squames
Errants hybrides
Etant nous-mêmes l'hydre
Qu'il aurait fallu vaincre aux étangs de nos âmes.

« Le carrefour et la traverse
Furent ambigus et menteurs,
Les poteaux fourbes et fauteurs
Et la mendiante diverse

« Les Bêtes des écus nous mordirent dans l'ombre
Et dans l'ombre
Le Dragon et la Guivre à nos pennons de soie
Se lacérèrent des dents et des griffes, un soir,
Et le vol de chimère au casque qu'elle éploie
En ailes s'envola, brusque dans le vent noir
Qui soufflait par la Nuit effrayante et farouche.

« Un oubli des serments bu dans quelque Léthé
D'immémoire coupable et de fatalité
Rua nos hordes de colères et de proie
Et la Terre saigna du passage farouche !

« Galops éperdus par les chemins
Eclaboussés de sang et de fange,
Galops crinières à pleines mains
Par le soir triste et par l'aube étrange,
Pavé des ponts sonnant dans la nuit
Portes de Ville au heurt du pommeau,
Chair râlant de blessure et d'amour dans la nuit
Et les éveils de vierges au heurt du pommeau

«Avoir été celui qui vint
Pour être celui qui délivre,
O honte avoir aimé le sang et le vin
Et sonné dans le cor comme boit un homme ivre

« Regarde, ô Sœur, par delà
La Forêt si la Ville est toujours là ? »

— « Là-bas en le recul profond du crépuscule
La Ville est violette de brume, décor
De mystère, de silence et de crépuscule,
Evanoui parmi de l'ombre en un peu d'or
Qui s'efface aux dômes de cendre et d'hyacinthe

« Et la Ville en le soir est grave et presque sainte!

« Très doux et leurs pieds nus sur les chemins déserts
Très lents et leurs pieds nus aux cailloux meurtriers
Les pélerins vont deux à deux appariés
Comme les hâleurs noirs le long des fleuves clairs.

« Leur dextre est prompte aux hauts saluts qui font fleurir
Aux cœurs bons le désir de partir avec eux
Vers quelque sépulcre en la marche d'un Ophyr
Et vers le carrefour où siège le Lépreux
Qui tend sa main de plaie à l'étranger qui passe.

« Ils n'ont ni bourdon, ni coquille, ni sandale ;
Ils ignorent le lieu ,le pays et la place
Et partent sans levier pour disjoindre la dalle
Et pour guides, hélas ! ni l'Ange ni l'Etoile.

« En la foi seule ayant pleuré les agonies
La mort du songe et les Tristesses infinies.
Qu'il est beau de marcher ainsi sous les Etoiles ! »

— « J'entends au fond de ma mémoire
Marcher les Pélerins dans la campagne noire !

« N'allions-nous pas le long d'un fleuve, le jour mort
Et toute cloche tue avec nos rêves des jours d'alors
Nos rêves vains comme les cloches d'alors
Pour qui le ciel fut sans échos et sans mémoire

« Vers un soir nous avons gravi la colline
Et nos pieds nus saignaient parmi les roses du Bois magique
Ah ! savions-nous que la forêt fût magique
Et que la Dame y vécût sur la colline »

— « La nuit est là toi qui rêvais à ma parole
L'aurore et les midis et les doux crépuscules
Par qui ton âme fut sage, enivrée, ou folle,
O ton âme de tous mensonges la crédule.

« La nuit est là, comme l'oubli, compacte et sombre
Et comme le passé la Nuit est là ! muette
La plaine vers la Ville est de l'ombre et de l'ombre !

« Je ne vois plus ni pèlerin, ni rouge fête,
Les grands chevaliers d'or sont partis vers la mer,
Les Enfants aux jardins ne cueillent plus les roses
Et les hommes ne pleurent plus les tristes choses
Et la ténèbre est là ! sur l'âme et sur la chair !

« Très loin ! et comme en songe et par delà la vie,
Près des fontaines sanglotant comme des femmes,
Chœur occulte, soupir, labiale survie
De la voix éphémère et des dolentes âmes
Voici chanter là-bas aux lèvres sans visages
Dans la nuit, écho défailli d'âmes et d'âges
De claires flûtes aux trous d'ombre parmi l'ombre !

— « Mon rêve qui fut toi fleurit en tes mains pâles
Qui cueillaient tour à tour la rose et l'ancolie
Du mensonge changeant de leurs leurres d'opales

« Le millième fou de l'antique Folie
Moi le Sage éperdu de l'antique Sagesse,
L'Errant qu'un vœu de dur destin pourchasse et lie
Moi le Pauvre affamé de toute la largesse !

Je suis venu vers toi pour une heure éphémère
Où je fus l'hôte de ta magie éternelle
Toi le Songe, toi l'Opale, toi la Chimère
Vers qui d'autres iront comme j'allai vers elle.

« Et la forêt redeviendra la forêt morne
Sans vestiges pour moi de rires et d'oiseaux
En ta robe j'entends piétiner la licorne
Qui brise les rubis au bris de ses sabots.

« L'ombre immense dont ton silence est le mystère
Reprend ton rire épars en son écho natal ;
Jusqu'à l'heure où viendra quelqu'un qui soit mon frère
Dors en tes grottes d'or, de fleurs et de cristal

« Et je redescendrai la colline sans roses
Vers la ville endormie et le fleuve sonore
Et j'irai m'accouder près des fontaines closes
Au mur où les roseaux frissonnent de l'aurore.

« Sur les flûtes si merveilleuses qu'elles semblent
Egrener des opales et des améthystes,
Soupir de voix qui pleure et de lèvres qui tremblent,
Sur les flûtes qui sont un peu des âmes tristes,

« Je chanterai vers l'ombre et les étoiles mortes
Jusqu'à l'aube où bleuit l'opale du lac mort
Ce qu'aux Etoiles de jadis et qui sont mortes
En le magique Bois chanta cet oiseau d'or ! »

Épilogue

EPILOGUE

I

Au vieux livre à fermoirs de griffes et d'émaux
Studieux d'être maître en l'ordre des magies
J'ai dedié mon Ame et toutes énergies
A savoir la vertu diverse des joyaux.

L'émeraude aide les enfantements jumeaux,
Le rubis qui rend chaste eloigne des orgies,
Améthyste, sagesse, œil des bonnes vigies,
Et le diamant vainc le poison et les mots !

J'ai tué le lapidaire, un soir qu'il taillait
A l'établi la cymophane et le jayet,
Antidote préservateur du sortilège,

Et j'ai volé pour vous ces pierres, ô Jolie !
Et j'ai mis à mon doigt sachant son privilège
La chrysolithe qui guérit de la folie.

II

Après avoir vaincu les lèvres, sans souci
Du rebelle sourire où le baiser s'élude,
Ni le geste brutal qui, toute, Une dénude
Hors ses cheveux plus longs qui la vêtent aussi !

Pour avoir frustré la Chimère de ceci :
Ses gemmes que la grotte éblouissante exsude,
Larmes mortes que pleure et germe le roc rude
Notre vie est prestigieuse et nous voici :

Hôtes muets des Terrasses de survivance,
Maîtres du vain trésor pour qui l'âme dépense
Ses midis d'aventure et ses soirs orgueilleux,

— O mémoire mêlée à quelques pierres pâles ! —
A regarder comme un visage et d'anciens yeux
Bleuir la lune vide et les tristes opales.

ACHEVÉ D'IMPRIMER

LE 10 MARS 1890

sur les presses de

BUSSIÈRE FRÈRES

Saint-Amand (Cher)